VITTORIOSO SULLA MORTE

-I poteri della mente subconscia e della meditazione

Ogni azione, reazione e pensiero nasce dalla paura della morte. Tutto ciò che vuoi viene dall'ego. È come un motore e questo motore ha milioni di anni. Se vogliamo lasciare l'ego, allora c'è una probabilità del 99,99% che non saremo in grado di lasciare il nostro ego, perché questo ego ha milioni di anni. Dov'è facile lasciare qualcuno che è stato con noi per milioni di anni? La nostra felicità dipende dai nostri sensi. Fateci prima conoscere i sensi, cos'è questa cosa. I sensi sono quelle cose attraverso le quali percepiamo questo mondo e sperimentiamo questo mondo. Anche la felicità e il dolore si sperimentano attraverso questi sensi. Anche la conoscenza mondana si ottiene da questi sensi. Includendo la mente, parlerò di un totale di 6 sensi. Occhio (con il quale svolgiamo il lavoro di vedere), Naso (proviamo a riconoscere le cose attraverso l'olfatto o l'olfatto), Orecchio (svolgiamo il lavoro di udito), Lingua (svolgiamo il lavoro di conoscere gustando), Pelle (tocco Proviamo a conoscere). Anche le persone materialiste traggono piacere dai sensi. Il piacere ottenuto dai sensi è temporaneo. Ma le persone spirituali ottengono la felicità attraverso l'autoesistenza. Ciò significa che otteniamo la felicità nella nostra stessa anima. Le persone materialiste devono pensare che queste persone spirituali siano pazze, non c'è gioia nella loro vita. Sono tutti impegnati nella devozione, nella mediazione, ecc., rinunciando ai piaceri che ottengono dai sensi? Ma la cosa è completamente diversa, la persona materialista non potrà mai raggiungere la gioia in cui si trova una persona spirituale. Può raccogliere tutte le cose materiali che vuole. Una persona spirituale sembra povera, ma io dico che è la persona più ricca del mondo. Perché ha prima di tutto un corpo sano, in secondo luogo ha una mente calma e stabile. In altre parole, puoi anche chiamarla mente sana. Considero la mente come un corpo sottile. Cioè, sia il corpo sottile che quello grossolano di una persona spirituale rimangono sani. E ricorda, la salute è fondamentale per tutti noi. Perché quando stiamo male allora pensiamo di lasciare questo corpo. Ma quando c'è la salute, allora pensiamo a vivere per secoli. Ecco perché hai capito l'importanza di essere in salute, vero? Quindi, se sei un materialista, scegli anche il percorso spirituale. Questo renderà la tua vita migliore. La semplice raccolta di denaro non aiuterà. Una persona che raccoglie solo denaro non è altro che un asino. Lavora sodo come un asino. Ma non risparmia tempo per se stesso. Il tempo che hai dedicato a te stesso è solo tuo. Ecco perché devi concederti 2 ore al mattino. Nessuna scusa va bene. In queste 2 ore al mattino, farai un po' di corsa, poi farai yoga, poi pranayama, poi meditazione. Tieni presente che Yogasana e Running sono per il tuo corpo fisico, Pranayama è per la tua mente, cioè per il tuo corpo sottile, cioè Pranayama è cibo per la mente, Meditazione è per l'anima, cioè la meditazione è cibo per l'anima. Finora nutrivi solo il corpo fisico e affamati la mente e l'anima. Quindi, come farai progressi? Come otterrai la felicità? Come prendere decisioni migliori nella vita? Come sarai in grado di distribuire gioia e amore alle persone. Quando tu stesso non sei felice e innamorato.

C'è stata una discussione dettagliata sui sensi nella Bhagavad Gita. La rete della dopamina viene attivata da questa corteccia sensoriale. Il nostro cervello si è evoluto lentamente nel corso di milioni di anni. Lo sviluppo del cervello è iniziato dall'inizio alla fine del midollo spinale. Da qualche parte nella parte superiore della spina dorsale si è sviluppata un'area che chiamiamo sistema limbico. Le creature che hanno avuto origine milioni di anni fa, come amebe, batteri, funghi, non avevano nemmeno una spina dorsale. Poi lentamente si è formata la spina dorsale. Nella fase iniziale non c'era differenza tra Testa e Coda. Poi gradualmente la differenza tra Testa e Coda ha iniziato a formarsi. E questa parte della testa è diventata il cervello mentre si formava. E da qui ha preso una direzione ha preso una velocità. Dopo di che i sensi iniziarono a svilupparsi in lui. La ragione dello sviluppo dei sensi era conoscere ciò che ci circonda. La funzione principale dei sensi era trovare cibo e percepire il pericolo. E anche oggi è presente in noi. Se si trova del cibo, servono anche le informazioni. Queste informazioni vengono raccolte solo attraverso i sensi. Quindi, appena si formò la Testa, si formarono anche gli occhi, le orecchie, il naso, ecc. Perché aveva bisogno di informazioni per trovare cibo. Se c'è bisogno, lo sviluppo delle cose avviene lentamente.

La dopamina è un ormone del piacere. Il nostro cervello ci dà questa dopamina sia come tangente che come ricompensa. Ci piace la dopamina. Perché ci sentiamo felici quando viene rilasciato. A chi non piace la felicità adesso? Ci sono anche due modi per ottenere la dopamina, quale sceglieresti. Ad esempio, sedersi su una trapunta in inverni freddi, bere il tè farà rilasciare dopamina, o in inverni freddi, svegliarsi presto la mattina, fare corsa, yoga, pranayama e meditazione farà rilasciare dopamina. Quindi ci sono due modi per far rilasciare la dopamina, quale sceglieresti? La felicità verrà da entrambi. Pensa solo a cosa è meglio. Questa è l'unica decisione che devi prendere. Tu scrivi il tuo futuro. Sì, sei l'autore della tua vita. Il tuo futuro si basa sulle tue decisioni. Il futuro sarà buono o cattivo, dipenderà solo dalla tua decisione. Nell'esempio sopra, se invece di sederti su una trapunta e bere il tè, adotterai l'altro modo, allora otterrai la felicità oggi, così come hai anche fatto un deposito fisso per ciò che otterrai in futuro. E nota il mio punto in più che se scegli il secondo percorso prenderai sempre decisioni migliori nella vita. Lo scrivo due volte, si formerà la capacità di prendere decisioni migliori. Abbiamo già discusso di quanto sia importante la decisione.

Ho fornito solo un esempio nel contesto della dopamina. La dopamina viene rilasciata anche mangiando allo stesso modo. Anche qui devi decidere se vuoi rilasciare dopamina mangiando cibo spazzatura come pizza, hamburger, samosa, jalebi, disponibili sul mercato o mangiando cibo delizioso fatto in casa. Quindi il cibo che mangi oggi deciderà la direzione del tuo corpo. Se mangi cibo sbagliato, il corpo diventerà una roccaforte di malattie, se mangi cibo giusto, puro e naturale, otterrai un corpo sano. Ecco perché prima di raggiungere la felicità, vedi anche che la felicità che stai raggiungendo non rovinerà il futuro. Questo è quello che fanno i giovani di oggi. Vogliono la felicità istantanea e non devono lavorare sodo per ottenerla. Assumendo droghe, la dopamina viene rilasciata in quantità enormi e la persona raggiunge un altro mondo. E in questo modo una persona diventa tossicodipendente. Sì, fai Dipendenza, ma non di Droghe, ma di Yogasan, Pranayama e Meditazione e devozione a Dio. Quindi vedi in quale mondo vivrai. A che serve essere intossicati per un momento o due, inebriarsi per 24 ore. Se adotti questa routine, la tua giornata sarà fantastica. Non riesco a descrivere a parole cosa otterrai. Basta fare e ottenere e sentire. Non puoi fare un regalo migliore alla tua vita di questo. Questo è il dono più alto del mondo per te e il tuo corpo.

Andando oltre, la prossima cosa da cui otteniamo sia la dopamina che l'ossitocina è la nostra relazione. Devi decidere anche prima di stabilire una relazione. Tieni presente che non stabilire una relazione per il rilascio di dopamina e ossitocina per un momento o due, altrimenti rimarrai gravemente intrappolato. Perché ho già detto che ciò che facciamo oggi ha un impatto completo sul futuro. Non sarai in grado di scappare. Ecco perché non stringere mai una relazione per il divertimento di un momento. Lo dico non solo una volta ma molte volte che la tua decisione di oggi deciderà il futuro di domani.

La dopamina è come una tangente. Che il nostro cervello dà alla nostra mente, tutto l'Organismo per fare qualcosa per conto del suo cervello. Qualsiasi cosa facciamo, la facciamo per ottenere qualcosa. Allora perché la mente e il corpo vorrebbero fare qualcosa gratuitamente. Quindi ciò che la mente e il corpo ottengono è la beatitudine. Lo sviluppo dei sensi è stato fatto per trovare cibo e sesso. Ed è naturale. Non vogliamo parlare di sesso. Io stesso evito di scrivere e pronunciare questa parola. Ma deve essere scritto qui perché senza di esso il discorso rimarrà incompleto. Il cibo e il sesso sono essenziali per quasi tutti gli esseri viventi. Perché se vogliamo mantenere la nostra specie allora avremo bisogno di cibo e sesso. Sopravvivremo mangiando cibo e la prossima generazione sarà preparata dal sesso. E allo stesso modo i sensi sono collegati alla dopamina. Perché entrambi sono collegati, vedrai quello che ti piace e vedrai di più, poi vorrai anche incontrarti e insieme ti divertirai. Questa è la gioia del livello più primitivo. E tutto questo accade anche negli animali. Questo è sicuramente presente in un essere umano, ma l'essere umano non si è fermato qui, ma l'ha anche preceduto. Ma lo sviluppo degli animali è avvenuto solo fino a questo. Il sistema iniziato milioni di anni fa è ancora presente in noi. E questo piacere di Livello Primitivo è ottenuto da ogni creatura strisciante, creature che camminano sulla terra e creature che vivono nell'acqua attraverso questi sensi.

Ma anche dopo il sistema limbico negli esseri umani, il cervello ha continuato a svilupparsi, che è chiamato corteccia prefrontale. Questa parte del cervello presenta la logica. Come sollevare una domanda logica. Chi sono io, da dove vengo, qual è il mio scopo. Tali pensieri vengono solo negli esseri umani, tali pensieri non sorgono negli animali. Non hanno illusioni di alcun tipo. Ecco perché la depressione capita solo agli umani, non agli animali.

Parliamo ora della coscienza. Ci sono 3 tipi di coscienza. La prima è la coscienza cellulare dove la creatura sa che io sono qualcosa. Il secondo tipo di coscienza è la coscienza degli animali, in questa c'è la coscienza del sesso, del cibo e della sicurezza. Il terzo tipo di coscienza è la coscienza umana, in cui si può pensare sia al presente che al futuro. Gli animali non hanno intelligenza logica e non possono pensare al futuro, usciranno a cercare cibo solo quando avranno fame, non pensano a raccogliere cibo. Questa è l'unica cosa che separa gli esseri umani dagli animali. L'uomo ha ragione e intelligenza e l'uomo può pensare al futuro.

La parte più recentemente sviluppata della corteccia prefrontale è chiamata corteccia frontopolare. Che puoi anche chiamare il terzo occhio, perché si trova al posto del terzo occhio. La sua funzione è quella di pianificare il futuro. Ciò che vediamo anche dopo aver chiuso gli occhi, questo lavoro viene svolto solo dal terzo occhio. La strategia futura dipende dai dati attuali. Prendi quelle figure e decidi in quale direzione vuoi andare, pianificala e proiettala. Cioè, se ho i dati del passato, allora posso proiettare il futuro. Posso vedere meglio il futuro. In questo modo possiamo essere migliori degli altri nel risolvere i problemi. In questo modo abbiamo bisogno di 2 cose per vedere il futuro, la prima è sufficiente Variabili e la seconda è Processore. Processore significa la capacità di calcolare e proiettare i dati. In questo modo possiamo valutare meglio il futuro.

Proviamo a capirlo attraverso Lord Shiva. Shiva significa quella dimensione che è al di là della comprensione umana.

Una tale realtà, un tale Brahman, che è al di là della nostra comprensione. Una dimensione dove il tempo non ha significato. Dove passato, futuro e presente accadono simultaneamente. Molti yogi l'hanno raggiunto.

Ogni pensiero nasce dalla paura della morte. Un batterio o un gatto non prova paura allo stesso modo degli umani. Tutto ciò che facciamo è prevenire la morte, come mangiare. Il motivo principale per stabilire relazioni (sesso) è salvare la nostra specie. Anche questa è una specie di paura, la paura dell'estinzione della nostra specie. Ecco perché stiamo tutti scappando dalla paura, correndo per evitare la morte.

Ogni tipo di ispirazione nasce o dalla morte o dall'amore. Chi è progredito nel sentiero spirituale è libero e chi non è progredito spiritualmente è in schiavitù. Quando non siamo spirituali, allora ci attacchiamo facilmente a qualsiasi cosa. E in questo momento viviamo in uno stato mentale molto depresso. Quando non siamo pieni di spiritualità, allora siamo schiavi dell'ambiente che ci circonda. Oggi, dopo il progresso spirituale, ho smesso di preoccuparmi delle persone. Nella mia routine quotidiana, tengo solo presente che il lavoro da me svolto non dovrebbe nuocere a nessuno, non dovrebbe ferire il cuore di nessuno. Altrimenti, non mi interessa quello che qualcuno pensa di me. Infatti, dopo essere progredito spiritualmente, sono arrivato a sapere che il livello di coscienza dell'uomo comune è lo stesso, non può pensare oltre. Tuttavia, la coscienza di tutti nella società non è la stessa, il livello di coscienza di tutte le persone è diverso. Ecco perché tutte le persone non commentano, parlano di idee. Invece di parlare del male e degli incidenti altrui ecc., preferisce parlare degli argomenti migliori e più elevati. Puoi conoscere il livello di coscienza di qualsiasi persona in un modo molto semplice. Ascolta attentamente la sua conversazione. Una persona con poca coscienza parlerà solo di persone ed eventi. Quando mi guardo indietro, vedo un profondo abisso dentro di me tra allora e adesso. Posso vedere un'enorme differenza nel mio livello di coscienza allora e adesso. Questa differenza è dovuta al cambiamento nel cibo e seguendo il percorso della spiritualità. La gente pensa che i saggi siano privi di ambizioni, ma la questione è opposta, in realtà i saggi sono molto ambiziosi. Solo il livello delle loro ambizioni è alto. Lavora sodo per raggiungere il suo obiettivo.

Impara a separare la mente e l'intelletto. Mantieni la tua mente rimproverata. Sei diverso dalla mente. Vedi te stesso come separato dalla mente. Solo allora puoi controllare la mente.

C'è un'area nel nostro cervello in cui registriamo il nostro respiro, a causa della quale quella parte diventa più forte. Grazie a questa forza, siamo in grado di fare un passo indietro e vedere la nostra mente come una terza persona. E anche la mente dovrebbe essere vista come una terza persona, solo allora non ti fonderai con la mente. Piuttosto discuterne.

L'opposto della paura della morte è il controllo. Man mano che aumenta il controllo, diminuisce anche la paura della morte. Supponi di raggiungere quel livello in cui hai il controllo completo sulla tua mente e sul tuo corpo, qui in un certo senso stai superando la tua paura. , Puoi chiamare questo incontro in Dio. In altre parole, si può dire che questa è la vittoria sulla morte. Alcuni la chiamano solo salvezza.

Quando pratichiamo molto qualcosa, diventiamo maestri in essa. L'esperienza di alcune persone può essere maggiore in alcuni campi e può anche essere dotata di Dio. Può essere aumentato con la pratica. Allo stesso modo, attraverso la pratica, possiamo ottenere il controllo completo sulla nostra mente e sul nostro cuore. Molti yogi hanno raggiunto questo obiettivo attraverso la pratica.

Ovunque due idee siano opposte l'una all'altra, nella nostra mente sorge il conflitto. Quando sorge un conflitto, è un problema per noi, che dobbiamo risolvere. I problemi sono buoni perché facciamo progressi solo risolvendoli. Quando non siamo in grado di risolvere i problemi, lo stress aumenta nella nostra mente. Ci sono molti livelli di stress. Supponiamo che questo livello di stress stia aumentando. C'è un'area all'interno del sistema limbico chiamata amigdala. Il compito di Amygdala è trovare Threat. Il sistema limbico è il cervello primitivo che regola il cibo, il sesso e la sicurezza. Quindi il compito dell'amigdala è trovare il conflitto. La nostra attenzione va prima al luogo in cui c'è conflitto o in altre parole con cui non siamo d'accordo o che è contrario alla nostra ideologia o credenza. Dove le cose sono inaspettate, ad es. Sorpresa, la nostra attenzione va lì. E così inizia il lavoro dell'amigdala. Se la sorpresa è piacevole, diventa uno scherzo e si ride. E ogni comico sa che deve presentare qualcosa che la gente non si aspetta. Ci arrabbiamo anche a causa di alcune cose inaspettate. Quando alcune cose vanno contro le nostre convinzioni e convinzioni, allora anche noi ci arrabbiamo. Quindi è così che si crea il conflitto. Se il conflitto è visibile ovunque, il cervello rimane bloccato nello stesso ciclo. La meditazione è la risoluzione di questi conflitti. Quando meditiamo, nella mente sorgeranno molti conflitti. Finché c'è vita, i conflitti vanno e vengono. La gente dice che quando meditiamo sorgono molti pensieri. La gente dice che sto pensando troppo. Significa semplicemente che la tua mente è alla ricerca di sempre più conflitti. Questo è sbagliato nella mia vita, questo è sbagliato nella mia vita. E tali abitudini si formano. È diventata una tua abitudine vedere cose sbagliate. Stai pensando troppo perché il tuo cervello è alla ricerca di conflitti. Continui a guardare solo le cose sbagliate. È diventata la tua abitudine. La meditazione è la risoluzione di questo conflitto. E non significa che il problema debba essere risolto. Ciò significa che tu e la tua relazione problematica dovete essere risolti. Quando raggiungi quel livello della tua mente in cui non arriva alcun conflitto, si chiama pace mentale. (pace della mente). Il metodo utilizzato da chi conduce ogni mediazione è quello di concentrarsi su qualcosa. Come concentrarsi sul proprio respiro, concentrarsi sul canto ecc. Prima di tutto dovremmo fare il Pranayama. Il pranayama calma la mente. Dopodiché si dovrebbe meditare. Durante la meditazione, la tua mente correrà qua e là da piccoli a grandi problemi. Questa relazione, denaro e corriere, per lo più la mente corre solo in questi soggetti. Devi portare la tua mente alla tua meditazione ancora e ancora. E in questo modo possiamo ottenere la vittoria sulla nostra mente con la pratica, significa che la mente è sotto il nostro controllo.

Anche la perdita di attenzione è un'abitudine e chiunque può attirare la nostra attenzione.

La parte sviluppata del cervello cerca di controllare il sistema limbico, se questa memoria andrà qui o là. Non permette alla memoria di tutta la vita di mescolarsi l'una con l'altra. Ma quando dormi o mediti, il rigore della corteccia prefrontale si riduce.
Ora tutti quei neutroni possono mescolarsi tra loro. Ora è libero di stabilire una nuova connessione. Si fonderanno l'uno con l'altro. E in questo modo nascono nuove idee. Quindi in questo modo il corpo dorme completamente nel sonno e una parte della mente rimane sveglia ma nella meditazione il

corpo rimane sveglio e la mente dorme completamente rimane solo l'esperienza della coscienza. E in questo modo i neuroni si fondono nel cervello e in questo modo molte cose girano e girano nella nostra mente tutto il giorno o rimaniamo seduti tutto il giorno, a volte non solo per un giorno ma per mesi, mesi e anni. Rimane seduto nella sua mente per anni. E molte volte facciamo tutto questo deliberatamente e molte volte le stesse cose continuano a venirci in mente fuori dal nostro controllo. Ciò significa che la stessa cosa continua a venire nella nostra mente ancora e ancora, e non è nel nostro controllo controllarla. E questo problema non si presenta in quelle persone che dormono bene o meditano. Perché sopra abbiamo spiegato come diminuisce il rigore dei neuroni della corteccia prefrontale. E iniziano a fondersi tra loro. E in questo modo, le nostre vecchie convinzioni o su qualcosa su cui siamo irremovibili, iniziano a finire o c'è un cambiamento in esso, e dovrebbe accadere, solo allora i vecchi problemi saranno risolti e nuove idee saranno generate. Ecco perché la meditazione e il buon sonno sono necessari. La meditazione è assolutamente necessaria, anche nella meditazione puoi vedere come la mente si rilassa lentamente, i nodi che giacciono si rompono. Questi nodi sono l'unico problema che creiamo nella nostra mente o che la mente stessa crea perché non abbiamo il controllo su molte cose. Quindi, se vuoi rompere questi nodi, devi fare meditazione. Quando si pratica la meditazione in questo modo, la mente diventa felice perché i vecchi malintesi vengono distrutti e i vecchi nodi vengono spezzati e vengono generate idee nuove e migliori e da quelle idee viene fuori anche la soluzione dei nostri problemi.

Usando la neuroplasticità, possiamo sviluppare il nostro cervello. Il nostro cervello umano non è ancora completamente sviluppato. Ci sarà più sviluppo ora. Neuroplasticità significa creare nuove connessioni e rompere vecchie connessioni se necessario. I neuroni sono cellule cerebrali e c'è un miliardo di cellule neuronali nel nostro cervello. Quando due neuroni sono collegati, si parla di sinapsi. E anche il numero di questa sinapsi è in miliardi. Quando si forma una sinapsi, inizialmente l'articolazione o la forza della sinapsi è molto debole. Qualsiasi abitudine forte significa semplicemente che la sinapsi è diventata forte. Questa sinapsi è diventata molto forte nel bere alcolici, nel fumare sigarette, per cui non sei in grado di abbandonare queste cattive abitudini. Questa connessione è allentata durante la meditazione e questa connessione è interrotta anche dalla meditazione continua. La meditazione funziona in due modi, in primo luogo rompe il vecchio attaccamento e in secondo luogo funziona anche per connettere rapidamente le nuove abitudini che stai formando. Cioè, fa anche il lavoro di intonacatura. Attraverso la pratica, le cose entrano nel nostro subconscio. Quando le cose entrano nel nostro subconscio, allora non dobbiamo usare la nostra mente. Abbiamo problemi in cui dobbiamo applicare la nostra mente. Il significato diretto dell'applicazione della mente è un duro lavoro e noi non vogliamo fare un duro lavoro. Capiamo attraverso un esempio. Ad esempio, devo svegliarmi ogni mattina, quindi se vado avanti per 30 giorni consecutivi senza interruzioni, quella regola entrerà nel mio subconscio (sistema limbico) e la strada da percorrere sarà facile per me. Se gioco a basket e mi alleno tutti i giorni, giorno dopo giorno riuscirò a mettere sempre più palloni nel canestro. Perché ora la matematica della distanza e dell'altezza è entrata nel mio subconscio. Ora non ho bisogno di fare calcoli. Perché attraverso la pratica questa matematica è entrata nel mio subconscio (sistema limbico). Nella fase iniziale ho dovuto calcolare più volte la distanza e l'altezza. In questo modo il sistema limbico lo gestisce automaticamente e le cose diventano automatiche.

Per me la Bhagavad Gita funziona in modo simile a un cavallo bendato, grazie al quale vede dritto davanti a sé. Negli ultimi tre anni la Bhagavad Gita ha fatto qualcosa di simile per me. Alcune persone potrebbero dubitare che non sia giusto camminare così dritti. Divertiti nella vita. La gente pensa che ci sia molto divertimento in quei giochi. Sì, c'è divertimento, ma in cambio di quel divertimento, la punizione è addirittura dello 0,01% in più. Quindi ti piacerebbe divertirti un po' dopo aver sofferto così tanto? Mi sembra un grosso affare in perdita. Ho attraversato tutte queste situazioni, ecco perché dico tutte queste cose. Sto scrivendo tutte queste cose sulla base dell'esperienza. Non sono un pessimista, sono pienamente vivo e vivo la vita con gioia. Non solo beatitudine, ma sono agli estremi della beatitudine. Quindi è meglio camminare dritto. E questo percorso rettilineo è mostrato dalla Bhagavad Gita. Dico con certezza che ogni persona sta correndo, non sa a che velocità deve correre e fino a dove deve correre, non sa la meta, dove andare. La Bhagavad Gita spiega tutte queste tre velocità, distanza e destinazione. Sì, nell'ultima fase della vita le cose si capiscono, che ho sprecato il mio tempo, ma poi non servirà a rimpiangere.

Io e alcuni dei miei amici ci svegliamo ogni mattina alle 5:30 negli ultimi due mesi e corriamo, facciamo yoga e meditiamo. In precedenza, facevo tutte queste attività a casa tranne la corsa. Non faccio mai pause in tutte le mie attività. Sì, ieri è successo che per la prima volta negli ultimi due mesi mi sono sentito molto letargico. Anche se mi sono alzato e sono andato, ma la mia mente lo faceva ancora e ancora, sarebbe stato meglio se non fosse venuto oggi. Oggi mattina avevo deciso di non andare oggi, la mia mente mi ha detto di non andare ma il mio corpo mi ha svegliato al momento giusto e l'ha preso in braccio e l'ha portato via. Io e tutti i miei amici siamo andati al parco e dopo ci siamo divertiti molto in tutte le attività. Ecco perché ho capito una cosa che dovrò affrontare ogni giorno, ci saranno alti e bassi. Anche la vita va così ma noi non smettiamo di vivere. Anche il cibo a casa non diventa gustoso tutti i giorni. La giornata di tutti i giorni a volte va bene ea volte va male. Ecco perché non gap. Perché se crei un divario, finirà per aumentare da uno a due, da due a quattro e così via. Mentre abbiamo deciso di svegliarci presto la mattina. Devo andare, devo andare con forza perché ogni giorno non sarà lo stesso. Finora ho avuto il piacere di alzarmi presto la mattina. Ecco perché lo dirò alla fine, vai, tira e prendi, ma non decidere di non andare. Non sai quando proverai piacere e quando no, quindi continua a continuare.

Due tipi di sistemi funzionano nel nostro corpo, uno è il sistema automatico e l'altro è il sistema volontario. Qualunque cosa tu stia facendo volontariamente è estenuante. Si stanca di questo. Quando facciamo i calcoli, ci stanchiamo perché dobbiamo farli ancora e ancora. Ma quando le cose accadono automaticamente, diventano divertenti. Quando le cose diventano automatiche attraverso la pratica, sì all'inizio dobbiamo lavorare sodo, dobbiamo spingere, dobbiamo forzare, allora lo chiameremo Sistema Volontario. Quindi, in questo modo, quando le cose diventano automatiche, diventano Piacevoli, e sai che il lavoro che ci piace fare, cioè, se diventa il nostro gioco, allora possiamo farlo per il resto della nostra vita. Permettetemi di fare un esempio perfetto di questo. Fare video è molto difficile per me. Ma la conoscenza che ho acquisito attraverso le mie esperienze, voglio diffondere quella conoscenza nel mondo. Poiché conosco il valore di questa conoscenza, è molto preziosa. All'inizio facevo video spingendo e spingendo. E oggi sono passati due anni e mezzo da quando ho fatto video, e ora i video vengono realizzati automaticamente, e mi diverto anche a farli. Ora questi video continueranno a essere realizzati per tutta la vita,

ci sono principalmente due motivi per questo, il primo è la sua importanza e il secondo è il piacere che ne deriva. E in questo modo potrai goderti la vita perché in sottofondo
Tutti i problemi vengono risolti automaticamente nella mente subconscia.

Imparare significa trasferire informazioni al subconscio, diventa un'abitudine. Più buone abitudini diventano, più superpoteri otterrai, perché poi fai ricerche su argomenti ampi. Mentre impari a suonare la chitarra, all'inizio devi trovare gli accordi. Come suonare l'accordo di SOL Come suonare l'accordo di RE Ma una volta che la tua neuroplasticità è costruita ed entra nella mente subconscia, le cose iniziano ad accadere automaticamente. Quando le persone dicono che non possono alzarsi presto la mattina, significa che si è formata una forte neuroplasticità per alzarsi tardi. Ma se ci provi, gradualmente questa connessione può essere interrotta e, interrompendola, puoi connettere rapidamente la connessione che si verifica. Nella fase iniziale dovrà essere fatto attraverso la forza di volontà. Finché lo fai con la forza di volontà, significa che è stato fatto dal cervello volontario. Le cose che vengono fatte dal cervello volontario sono faticose, e noi non vogliamo fare quelle cose che causano stanchezza. E gradualmente, quando queste cose entrano nella mente subconscia, accadrà nel cervello involontario. E siamo già venuti a sapere che le cose che vengono fatte dal cervello involontario sono fatte molto facilmente e c'è piacere nel farle.

La gente parla di disciplina e allo stesso tempo parla di libertà. E la gente pensa che questi due siano opposti l'uno all'altro. La gente dice cos'è questo, svegliarsi ogni mattina, fare esercizio fisico, fare yoga, meditare e andare in ufficio. Mi alzo quando voglio, mi alleno o no, vado in ufficio quando voglio. La gente considera questo come libertà. Ma la cosa è esattamente l'opposto, perché più sei disciplinato, più tempo libero avrai. Perché quando sei disciplinato, la tua mente non deve pensare a quando svegliarsi, quando fare il bagno, quando andare in ufficio. Tutto accade automaticamente nella disciplina. Perché tutti questi compiti sono disponibili nel tuo subconscio secondo uno schema. Nell'indisciplina devi pensare a tutto, quando e cosa fare. Pensiamo al tempo ma non pensiamo a tenere libero il cervello. Quindi in questo modo più disciplina significa più libertà.

La neuroplasticità ha 2 fasi. Il primo passo è, ad esempio, se stai cercando di alzarti velocemente, allora ci sarà una voce da dietro che non lo farai domani, e questo domani, non arriva mai, ti darò un esempio dal vivo, oggi è il 2 gennaio 2023 Sì, l'inverno è al culmine, c'è molta nebbia. Ho una routine per svegliarmi la mattina. Quando mi sono svegliato oggi, una voce è arrivata da dietro, non andare oggi, dormi bene oggi. Ma ora che mi sono svegliato, non dormirò più. Ora mi sento molto meglio dopo essere andato al parco. Pochissime persone erano presenti a causa del freddo estremo. Ho completato tutte le mie attività, come un po' di corsa, alcuni esercizi di movimento, alcune yogasana e infine pranayama e meditazione. Ora, in tutto questo, si trattava solo di una decisione, dopodiché tutto andò meglio. Quando la mia mente è pigra allora gli dico sì sì no oggi domani domani riposerà e quel domani non arriva mai. Comunque, dormo per circa 7 ore. C'è così tanta insonnia. Di quanto sonno hai bisogno adesso? Quindi sopprimere la voce che ritorna è il primo passo. Questo passaggio deve essere eseguito ogni giorno per almeno un mese ininterrottamente, quindi devi sopprimere la tua mente. Il secondo passo è dormire profondamente e meditare. La neuroplasticità accelera durante la meditazione e il sonno profondo. E in questo momento anche il recupero del corpo avviene a un ritmo rapido. Il sonno profondo, la meditazione e lo yoga nidra danno quasi gli stessi risultati.

Cerchiamo di capire il modo per porre fine alle nostre vecchie e sbagliate abitudini e adottare nuove e buone abitudini. È diviso in tre passaggi. Il primo passo è rompere le abitudini sbagliate che si sono formate, il secondo passo è formare una nuova abitudine, il terzo passo che è il passo più importante è mantenere costantemente l'abitudine appena creata per 21 giorni. E il sonno profondo e la meditazione giocano il ruolo più importante nell'adottare nuove abitudini. Il riposo profondo è di grande importanza. Se un animale non può dormire per due settimane, muore. Quindi il sonno è legato alla vita e alla morte. Quando non dormiamo, la nostra mente continua a cercare la Minaccia. Se non riesci a dormire, significa che stai vivendo in un ambiente minaccioso. Quando dormiamo, diciamo al nostro cervello che va tutto bene e che siamo completamente al sicuro. E quando non dormiamo, inviamo alla nostra mente questo messaggio che non siamo al sicuro. Ecco perché vedi che non c'è sonno nello stress. Rimane sveglio tutta la notte. Perché nello stress il nostro cervello sta trovando una soluzione a quel problema.

Il cortisolo è un ormone. È una specie di ormone dello stress. Un po' di cortisolo fa bene per andare avanti nella vita e per ricordare le cose. Supponiamo che tu non stia dormendo e che il tuo cervello stia rilasciando cortisolo. La tua mente pensa che il tuo corpo sia minacciato. In questo modo verrà rilasciato più cortisolo. Ciò influenzerà anche la tua immunità. Perché l'attacco nel corpo può avvenire da qualsiasi luogo. È una febbre o un'infezione. Quindi il sistema immunitario è influenzato nel cervello. Anche il sistema ormonale, la pressione sanguigna, la frequenza cardiaca, il sistema autonomo, l'attenzione e la capacità di pensiero sono influenzati. Tante cose sorgono solo perché non ci si riposa. E se ti riposi, darai un feedback positivo alla tua mente che sei al sicuro. Quindi in questo modo il riposo profondo e la meditazione migliorano nuove idee, nuove associazioni e la tua creatività. Quindi, se vuoi prendere rapidamente una nuova abitudine, dovresti praticare il riposo profondo e la meditazione.

Il sonno e la meditazione sono entrambi correlati l'uno all'altro. Qualunque cosa accada nel sonno, accade anche nella meditazione. In questo, il controllo della corteccia prefrontale diventa leggermente rilassato. Si formano nuove idee, la memoria migliora. Anche l'attivazione dell'amigdala è ridotta. Dormire in questo modo riduce il livello di stress. Allo stesso modo, la stessa cosa accade in meditazione, perché la tua attenzione non va alle cose esterne, la mente si rilassa completamente.

A differenza del sonno, la meditazione aumenta il controllo sulla corteccia prefrontale e rilassa. E' un po' complicato ma cerca di capire. I neuroni nel tuo cervello si stanno rilassando. Ed è per questo che ti senti felice in meditazione, molti vecchi nodi si rompono, nuove idee iniziano a sorgere, il tuo controllo mentale aumenta. Questo è il nostro problema al giorno d'oggi che non siamo in grado di controllare la mente, sta pensando qualcosa, sta pensando, sei in grado di controllarlo, ti stai perdendo in alcuni pensieri e non lo stai controllando. essere in grado di fare meditazione aumenta il tuo controllo. Inizi a essere il capo di te stesso. Come chiameresti una persona che non può controllare la sua mente, ai miei occhi non è altro che uno schiavo, qual è la tua opinione? Quindi durante la meditazione le cose rimangono nella tua coscienza e nel sonno le cose accadono nel tuo subconscio. Nel sonno il tuo corpo dorme ma la tua mente rimane sveglia, ma nella meditazione il tuo corpo rimane sveglio e la tua mente dorme.

In meditazione rimani cosciente delle cose e degli eventi intorno a te, ma questo non accade nel sonno. Diventi completamente inconsapevole delle cose intorno a te. Non sarebbe giusto dire che la mente si addormenta, non hai alcun controllo sul sonno. Per tutto il giorno non riusciamo a rilassare il nostro sistema limbico. Facendo meditazione, l'attenzione si calma, il tuo livello di ansia diminuisce, il tuo livello di minaccia diminuisce.

La meditazione ha un solo scopo, può essere chiamata Yoga, Moksha o Nirvana. Connettersi con ciò che è l'energia universale. Quando cammini sulla via della salvezza, puoi ottenere risultati, puoi ottenere superpoteri, la tua concentrazione aumenta, la paura svanisce dalla tua mente. Ma il problema più grande nel raggiungere questo obiettivo è il nostro ego. Non sarai in grado di raggiungere questo obiettivo fino a quando il tuo ego non sarà finito.

Ho scelto il percorso della non resistenza nella vita. Qual è il significato di questa cosa, lo capisco molto bene ma è un po' difficile da spiegare. Lo stress si crea nella nostra mente quando resistiamo a qualcosa. Se la vita si muove nel flusso, è trascorsa felicemente e quando non si muove nel flusso, sorge lo stress. Ora questo muro è stato costruito anche da noi. Rompi questo muro. Non importa, non sei venuto con niente in questo mondo, oggi hai molto, fai attenzione a quello che hai. E quello che hai è molte volte più di niente. Il nostro problema è che ci concentriamo su ciò che non abbiamo o ci concentriamo su ciò che abbiamo perso. È necessario concentrarsi su ciò che si ha ora. Sono necessarie pochissime risorse per vivere una vita felice. È richiesto pochissimo capitale anche per la sussistenza. Abbiamo appena aumentato inutilmente i nostri bisogni. Tieni da parte tutte le tue decisioni e rompi quel muro seduto nella tua mente. E così facendo la tua mente diventerà leggera. Il tuo stress finirà. Pur avendo così tante risorse, se siamo sotto stress, allora siamo diventati una creatura di livello inferiore rispetto agli animali. Ecco perché il tuo più grande obiettivo dovrebbe essere quello di vivere una vita senza stress.

Da dove viene la tua identità? Sei la tua memoria che hai raccolto negli anni. Se perdi la memoria, non saprai nemmeno chi sei. La memoria è immagazzinata nel sistema limbico, che è un cervello primitivo. Ogni volta che la tua identità viene confermata da qualche parte da ciò che chiamiamo essere autentici, ti dà felicità. Ottieni felicità solo vedendo la tua foto sul cellulare, ottieni felicità anche se vedi la tua faccia allo specchio. Quando qualcosa non ha un bell'aspetto nell'identità, allora ci si sente male, come se i capelli non avessero un bell'aspetto, sembrassero spessi o troppo sottili. E anche questo viene dal sistema limbico. Quindi, con il riconoscimento arriva la felicità così come il dolore. L'ego si forma quando tutte queste raccolte vengono aggiunte. Tutto ciò che è collegato alla tua identità di personalità è chiamato ego. La meditazione lavora per separare la corteccia prefrontale dal sistema limbico. La scienza lo ha dimostrato. Quindi l'attività del tuo sistema limbico e dell'amigdala diminuisce. C'è una cosa che chiamiamo rete autoreferenziale che è un potere nella tua mente è un'elettricità. Dove il focus di quell'elettricità è alto, quell'area diventa attiva. Al giorno d'oggi abbiamo la tecnologia per vedere quale parte del cervello è più attiva. Quale regione è meno attiva? Quando si medita, l'attività del sistema limbico è ridotta. Ci sono molte aree diverse all'interno del sistema limbico, ma l'amigdala ha la maggiore influenza. Stando qui possiamo vedere noi stessi. Cioè, posso vedermi separatamente da me stesso. Questo è un grosso problema. Dovremmo farlo tutti i giorni. Impara a separarti da te stesso. Se non ti distacchi da te stesso, sarà molto difficile trovare soluzioni ai problemi. Comprendilo in modo tale che tu, ad es. l'anima sia il marchio del tuo corpo. C'è una differenza tra Brand e Brand Ambassador. Ecco perché quando qualcuno calunnia il marchio, l'ambasciatore del marchio lo ignora e se ne va. Devi aver visto come i grandi attori non si sentono impacciati anche dopo aver propagato cose che rovinano la loro salute. Non sto dicendo che sia giusto farlo, è assolutamente sbagliato farlo. Perché essendo un attore, hai anche delle responsabilità morali nei confronti della società. E dovrebbe anche essere eseguito. Solo il denaro non è tutto. Allora perché queste persone non si sentono in colpa anche dopo aver fatto questo perché queste persone credono che il loro nome sia un marchio e stanno lavorando per quel marchio. Proprio così, impara a separarti da te stesso. Sei una persona fiorente e lavori per quella persona. Sebbene dovrebbe essere seguito da ogni persona, ma soprattutto un uomo d'affari dovrebbe farlo, dovrebbe esserci la sensazione nella mente che invece del proprietario, stai lavorando come un servitore, stai facendo il lavoro di quella particolare attività. Rispetto a un uomo d'affari, una persona con un lavoro è molto meno stressata, perché un uomo d'affari è molto legato alla sua attività, mentre dovrebbe esserci una certa distanza tra te e la tua attività.

Ogni persona ha in mente il proprio marchio. Ha un marchio di se stesso nella mente di tutti che chi sono, quali sono le mie simpatie e antipatie. E se la prendi molto sul personale, non c'è differenza tra i due, quindi se qualcuno insulta il mio marchio, insulta anche me, e se qualcuno loda il mio marchio, loda anche me. È. Quindi se io e il mio brand diventiamo una cosa sola allora quello che succederà al brand succederà anche a me e in questo modo la paura c'è sempre. La meditazione crea una distanza tra me e il mio marchio. E quando inizi a vedere il tuo corpo come una cosa separata, allora ti rendi conto che non sei tu, è solo una mano, un cuore, una gamba, e tu ne sei separato. Solo il corpo deve andare e venire, io non morirò, non ci sarà alcun cambiamento in me. Qual è la tua identità viene dal sistema limbico. Non proviene dalla corteccia prefrontale. Il lavoro della corteccia prefrontale è quello di presentare tutto ciò che viene fatto nel sistema limbico sotto forma di una storia. E con attenzione apriamo la storia, cioè andiamo dietro le quinte.

Nell'Illuminazione il tuo sistema Limbico è completamente distaccato e la tua Identità è completamente distrutta, la prima condizione per raggiungere il Nirvana o raggiungere Dio è la fine dell'Io.

cos'è la morte Qui non c'è morte, c'è solo trasformazione. scambio di energie. Hai già saputo che non c'è morte dell'anima. Il resto è il tuo corpo fisico. Hai sollevato quel corpo dalla terra stessa. Otterrai di nuovo solo questo. Da dove l'abbiamo preso, lo riprenderemo. Fondamentalmente la morte è la disintegrazione dall'energia di livello superiore all'energia di livello inferiore. Quando moriamo, tutti gli organi del nostro corpo non muoiono contemporaneamente. I tuoi reni, ossa e cellule cardiache sono ancora vivi. Semplicemente non possono comunicare tra loro. Quando c'è un marchio in cui lavorano 20 membri. Se il marchio finisce, anche quei 20 membri saranno dispersi. Dopodiché non saranno collegati tra loro. Allo stesso modo, dopo la morte, i nostri organi rimangono in vita ancora per qualche giorno. Ma non c'è comunicazione tra loro. Quindi in questo modo la morte significa scendere di un livello. Non a livello di energia ma a livello di comunicazione. Biologicamente, quando tutte le nostre cellule sono in grado di comunicare tra loro, allora siamo completamente vivi, ma quando la connessione si interrompe, capisci che sei un po' meno vivo. Dopo l'Illuminazione, ciò che è dentro di te si sente fuori. I confini sono finiti.

L'unica funzione della mente è salvarsi. Proteggi la tua identità Paura della morte Nessuno dovrebbe farmi del male, per questo decidiamo i nostri confini su dove sono. Se capiamo che nessuno può farmi del male, allora la paura della morte finirà. E conquisteremo il mondo intero. Ciò significa che non ci sarà alcuna differenza tra me e il mondo intero. Non ci sarà alcuna differenza tra me e te. Questo stato può essere raggiunto ma è molto difficile. Il motivo di questa difficoltà è che anche se qualcuno mi punge con un ago, sentirò dolore e il mio sistema limbico si attiverà perché la corteccia prefrontale non ha ancora raggiunto quel livello. Speriamo che un giorno i nostri cervelli raggiungano quel livello. Ma è possibile in questa epoca attraverso lo yoga.

Come sappiamo che la nostra mano è anche qui? Questo diventa una mappa mentale nella nostra mente. Supponi di essere un giocatore di tennis. Per un giocatore di tennis, il suo corpo si estende unendosi a quella racchetta. Mentre gioca, non deve pensare a quanto è lontana la sua mano. Quella racchetta diventa parte del corpo. La nostra mente ha la capacità di espandere il nostro corpo. La nostra identità sono le nostre Dimensioni. Quando qualcuno dice che le dimensioni di Lord Shiva sono al di là della comprensione umana. Il giorno in cui questa dimensione diventerà tua, quel giorno questo mondo diventerà la tua racchetta. Ma sarà raggiunto solo quando questo tuo ego finirà. Quando tutto è teoricamente mappato nella mia mente, allora perché non posso estendere questa mappa al mondo intero. Questo è il picco dell'Advaita. Ma c'è qualcosa nella nostra mente che lo sta tirando indietro. Ma può essere trasceso dalla meditazione e dalla devozione.

Quando è successo qualcosa, il nostro amico ha detto che volevo unirmi alla politica, quindi abbiamo detto che ci sono molte critiche in politica, riceverai abusi e amore dai social media e da altri campi. I politici devono affrontare molte critiche, devono ascoltare gli abusi, e un politico ascolta tutto questo, lo ignora e va avanti. Ho imparato dalle esperienze della mia vita che quando lo scopo della vita è molto alto allora tutti questi abusi e critiche diventano molto piccoli, se lavori per la società allora dovrai sopportare tutto questo. Ora, poiché sai e vedi anche il lavoro svolto da te, allora quando vediamo il risultato del lavoro svolto da te, allora non importa se alcune persone abusano di un cesto pieno di cose. Quando l'obiettivo è grande, anche quello soprattutto nell'interesse pubblico, allora gli abusi e le critiche se ne vanno. Racconto la mia esperienza, il livello di coscienza dell'uomo comune è basso, non riescono a capire il lavoro svolto dalla persona con quell'alta coscienza. Puoi vedere nella storia che molti filosofi devono affrontare abusi e critiche, ma continuano a scrivere le loro opinioni a beneficio della società. E in seguito, la mente del pubblico in generale segue la stessa conoscenza. Il livello di coscienza dell'uomo comune è basso, perché se così non fosse le grandi aziende non riuscirebbero a vendere i loro prodotti inutili e scadenti. Sanno come ingannare il pubblico. Devo solo mostrare la pubblicità di quel prodotto ancora e ancora e ancora e ancora, le persone stesse inizieranno a usarlo, anche quello senza pensarci. Ecco perché la società stessa non sa cosa sia meglio per essa. In una situazione del genere, i leader dovranno prendere in mano il comando e dovranno affrontare tali abusi e critiche. Pertanto, se gli obiettivi della vita sono grandi e di pubblico interesse, allora gli abusi e le critiche diventano piccoli.

No, perché dovremmo leggere la Bhagvat Gita, la Bhagvat Gita è letta da persone con vecchie idee, veniamo dal mondo moderno, veniamo dall'era della scienza. Ok, se le cose al di là del mondo sembrano prive di significato in questo, allora lascia quella parte della Bhagwat Gita, non dubito di nulla di detto nella Bhagwat Gita, lo dico per te. Sì, lascia quella parte, ma assorbi almeno il resto della Bhagavad Gita. Diventa esperto quanto vuoi, diventa moderno e dell'era della scienza quanto vuoi. Ma da qualche parte nella vita rimarrai intrappolato. E non sarai in grado di risolverlo. Perché non essere intelligente quanto vuoi. La Bhagavad Gita troverà la soluzione anche a questa tua domanda. Quando rimani invischiato in qualsiasi domanda nella vita o ti senti incapace di prendere qualsiasi decisione, allora leggi questo. Rapidamente la tua confusione su quella domanda sarà risolta, rapidamente sarai in grado di prendere la decisione giusta. Non si guadagnerà nulla dall'arroganza che questo è un vecchio libro, qual è il suo significato nell'era odierna.

Qual è la verità ultima per me? Bliss, Bliss è la verità ultima per me. Non credo in una cosa come il successo. Una cosa del genere che mi porta in alto, ma se non c'è gioia durante quel processo, allora tali altezze sono inutili per me. Ora devi pensare, allora è molto facile ottenere la felicità. No, questa è la cosa più difficile da sapere. Cosa pensi che trarrai piacere dall'eclissi delle cose materiali. La beatitudine è al di là di tutto questo. Questo è tutto quello che c'è da imparare. Cosa farai sapendo tutto questo? Sì, se conoscere dà piacere, allora sappi. Fatti annegare Non perdere tempo Che perdita di tempo. Una vita senza gioia è una perdita di tempo. Non sto dicendo di stare lontano dal duro lavoro. Anche il duro lavoro è un piacere, trovalo e basta. Dormire porta gioia? Se ti dico di dormire per 24 ore, non riuscirai a dormire. Ed è per questo che dormire diventerà una punizione. Scoprilo, l'equilibrio verrà. Non lo otterrai scappando. Ma non lo otterrai nemmeno fermandoti. Correrà per un po', si divertirà. Se corri troppo, ti stancherai. Capisci cosa sto cercando di spiegare. La vita è equilibrio. Non correre troppo. Questa è assolutamente una perdita di tempo. Tieni presente che una volta trascorso il tempo, non tornerà più. Cerca, cerca la felicità ogni giorno, la otterrai sicuramente. Un giorno imparerai l'arte di vivere la vita. Cosa farai se sai così tanto, tutto è inutile. Sì, se c'è gioia nel sapere allora tutto vale la pena. Impara quest'arte. Se dipende da me, posso mescolarlo e dargli da bere, come posso provare piacere. Sappi che la felicità non è nelle macchine grandi e costose, non è nelle grandi case, non si troverà nelle belle persone. Può anche essere trovato ma momentaneamente. Più felicità ottieni dalle cose materiali, più dovrai soffrire. Ecco perché trovare un modo alternativo. Vai dentro e scoprilo. Come posso dire che questa è un'arte che è arrivata lentamente. imparato dalla vita. Sapeva tutto, sapeva tutto di Anand. Ora vuoi sapere.

Keys
to be successful
in
affiliate marketing

Every successful
business has a well
planned beginning &
concrete foundation

Paul Marles